AF586813

CHEMINS DE FER DE L'ÉTAT

Ecole Supérieure de l'Exploitation

MOUVEMENT

CONFÉRENCE N° 1

1930

Organisation du Service du Mouvement.

Conventions Européennes d'échanges.

Répartition du matériel { **Définition.** / **Matériel G. V.** / **Matériel P. V.** entre les Réseaux Français.

Imprimerie E. Desfossés
13, Quai Voltaire, Paris
44131

Organisation du Service du Mouvement.

Les Services Actifs, tels qu'ils ont été organisés en Octobre 1929, comprennent :

L'Inspection Générale ;
Un Secrétariat ;
Le Service des Horaires ;
Le Service du Mouvement ;
Le Service Spécial.

Le Service du Mouvement, dont j'ai mission de vous développer une partie des attributions au cours de quelques Conférences, se compose lui-même, sous la direction du Chef du Mouvement, assisté d'un Sous-Chef, de sept bureaux et d'une section spéciale des gares de triage.

Les trois derniers bureaux formaient précédemment la subdivision Mouvement-Gares et Conducteurs.

Ils s'occupent : le 5e bureau, des accidents, incidents de sécurité, service et police des gares.

Le 6e bureau, du Contrôle des Voyageurs.

Le 7e bureau, du Service du Personnel des Trains.

Les questions intéressantes pour vous de ces trois bureaux ne vous sont pas exposées par mes soins.

Je ne vous entretiendrai que des fonctions des quatre premiers bureaux, qui, joints à la section spéciale des gares de triage, constituaient précédemment la Subdivision, Mouvement, Matériel, Répartition, Transports P. V.

Le 1er bureau s'occupe de tout ce qui concerne le matériel (voitures et fourgons) composant les trains de voyageurs : effectif, roulements (préparation, observation et modifications), mouvements extraordinaires de fêtes (conception, examen des résultats), trains transatlantiques (très nombreux sur Cherbourg et Le Havre, rares sur La Rochelle-Pallice), répartition pour le compte de l'Arrondissement de Paris-Saint-Lazare, Répartition Centrale G. V.

Le 2e bureau suit les questions de répartition P. V. : Ordres hebdomadaires et journaliers aux Répartitions Régionales, contrôle de leur exécution, examen des rapports quotidiens des Répartitions Régionales et Locales, des situations journalières des gares (par épreuve), des inventaires de matériel (lorsqu'il en est prescrit), établissement des statistiques et graphiques continus (wagons chargés — coefficients de rotation) et périodiques (campagnes saisonnières, engrais, fruits, légumes, céréales, fourrages, lins, etc...), programmes de ballast du Service de la Voie.

Le 3e bureau est chargé des relations avec les Réseaux à voie normale français et étrangers ; il correspond avec eux, soit directement, soit par l'intermédiaire de l'Office Central Français du Mouvement des wagons (1) ou des Bureaux de compensation (2) établis à Berlin, Berne, Bruxelles. Les principales fonctions qui lui sont dévolues sont l'étude des règles d'échange et des questions de communautés basées sur les unités de trafic, le contrôle de leur application, l'établissement des factures, l'établissement des programmes de trains complets (Tarif Spécial P. V. 29-129, Chapitre XIII).

Intérieurement à notre Réseau, il suit de très près l'évolution des wagons de nationalité étrangère et des wagons spéciaux français et contrôle l'utilisation des trains P. V. Enfin, c'est lui qui élabore toutes les statistiques de parcours et de tonnage des trains et des wagons.

Le 4e bureau s'occupe de questions diverses : traités avec les Compagnies secondaires à voie étroite, locations de wagons et de bâches aux Services du Réseau et au commerce (3), wagons de brouettage, comptabilité des bâches Etat de gares et de wagons (4) et, comme conséquence, relations avec la S. E. F. (Société d'Exploitation de wagons frigorifiques) et la S. A. C. Y. (Société Anonyme Cauvin-Yvose), étude des chargements exceptionnels, voitures de luxe, garde-places, voyages, itinéraires spéciaux P. V., colis de détail P. V.

Conventions Européennes d'échanges.

Nous commencerons nos études par celle de la Répartition, qui intéresse en G. V. le 1er bureau et en P. V. le 2e, ce en tant qu'ordres à donner ou correspondances à adresser à l'intérieur du Réseau, car les questions communes avec les autres réseaux sont traitées par le 3e bureau, spécialistes des « échanges ».

Le mot « échange », que je viens de prononcer, m'amène à vous dire que trois grandes conventions règlent actuellement les questions d'échange de matériel roulant entre la plupart des administrations importantes des Chemins de fer d'Europe qui possèdent le même écartement de rails. Ce sont :

Le règlement pour l'unité technique des Chemins de fer (U. T.) ;

Le règlement pour l'emploi réciproque des wagons en trafic international (R. I. V.) ;

La convention pour l'emploi réciproque des voitures et fourgons en service international (R. I. C.).

---

(1) Le rôle de cet office, l'O. V., à qui toutes les gares adressent le O. V. A. et celles du transit les O. V. C. et O. V. D., vous sera défini au cours de l'exposé du Service de la Répartition.

(2) Ces bureaux de compensation sont schématiquement définis comme suit : Si A... doit à B... X... francs ou kilomètres et si B... doit à C... X... francs ou kilomètres, ces deux dettes peuvent être remplacées par : A doit à C X francs ou kilomètres.

(3) Notamment pour l'application de l'indice A² par les expéditeurs qui ne possèdent pas de bâches leur appartenant.

(4) Il est entendu que les questions :
De répartition de bâches (agrès en général) sont suivies par le 2e bureau
D'échange de bâches (agrès en général) sont suivies par le 3e bureau.

Unité technique. — Le règlement sur l'Unité Technique résulte de trois Conférences internationales réunies à Berne respectivement en 1882, 1886 et 1907.

Les dispositions de l'Unité Technique des Chemins de fer ont la valeur d'une Convention entre Gouvernements et ne peuvent être modifiées que par une nouvelle Conférence, à la condition d'ailleurs que les nouvelles décisions soient approuvées par les pouvoirs publics.

Elles fixent essentiellement les dimensions de la voie, les conditions de construction et d'entretien du matériel et les conditions de chargement des wagons à marchandises.

Rédigées sous une forme générale et succincte, ces dispositions ont été complétées par les Administrations de Chemins de fer chargées de les appliquer et ont donné lieu aux deux autres règlements auxquels nous avons fait allusion ci-dessus : R. I. V et R. I. C.

R. I. V. — Le règlement pour l'emploi des wagons en trafic international date de 1921 ; l'édition en vigueur actuellement porte le nom d'édition de Lucerne, valable depuis le 1er Janvier 1930.

R. I. C. — Le règlement international pour l'emploi réciproque des voitures et fourgons date également de 1921 ; l'édition en service actuellement est entrée en vigueur le 15 Août 1928.

A ceux d'entre vous qui désireraient avoir des renseignements plus détaillés sur les documents dont je viens de vous parler ou sur la question plus générale des Organismes internationaux de Chemins de fer, je dirai de se reporter à l'*Aperçu de l'évolution des Chemins de fer français de* 1878 *à* 1928 dont la bibliothèque de l'Ecole Supérieure possède des exemplaires.

éfinition de la Répartition

La répartition du matériel est l'opération de redressement nécessitée par le déséquilibre constant des échanges entre les gares et par l'absence de lois régissant ce déséquilibre.

Il est évident que si tous les mouvements nécessaires pour assurer le trafic pouvaient être prévus, il serait possible d'en organiser d'avance l'exécution au moyen de programmes appropriés : par suite, les interventions périodiques, qui constituent la répartition, seraient inutiles.

Mais dans la très grande majorité des cas, il n'en est pas ainsi : si l'équilibre est le plus souvent la règle en ce qui concerne les mouvements de matériel à voyageurs, il est l'exception en ce qui concerne le matériel à marchandises.

Nous étudierons successivement la répartition G. V. et la répartition P. V. ; et, à propos de chacune d'elles, nous distinguerons ce qui se passe d'abord en trafic commun avec les autres Réseaux, puis en trafic intérieur au nôtre.

PREMIÈRE PARTIE

Répartition du Matériel G. V.

Par matériel G. V., il faut entendre ici exclusivement les voitures à voyageurs et les fourgons à bagages, ces derniers désignés par les lettres D ou E.

A. Relations avec les Compagnies françaises ou étrangères.

La règle est, sauf instructions particulières, le rapatriement d'office, soit dans le roulement régulier concerté, soit immédiatement, s'il s'agit de réception hors roulement.

Les échanges ont lieu sous le régime de la compensation des parcours en nature, que les véhicules assurent des services réguliers ou des mouvements exceptionnels. L'unité de compensation est le kilomètre-essieu de voiture. Chaque essieu de voiture à voyageurs est compté pour une unité ; toutefois les boggies à trois essieux ne comptent que pour deux essieux et les voitures à voyageurs à trois essieux pour deux essieux et demi ; l'essieu fourgon pour une demi-unité.

Tout véhicule d'un réseau circulant sur d'autres donne au réseau propriétaire droit à un crédit en kilomètres-essieux correspondant au parcours effectué sur les autres réseaux. La compensation (1) des parcours kilométriques est effectuée en bloc :

1° Entre tous les réseaux français, pour les parcours français, par un organisme appelé la Conférence des Parcours, à qui sont communiqués les décomptes faits par chaque réseau ;

2° Entre les réseaux français et étrangers, pour les parcours à l'étranger, par le Bureau de Compensation de Berne.

---

(1) Je vous ai expliqué plus haut au moyen d'un exemple schématique ce que signifie la compensation on réduit le compte de chacun soit à un débit, soit à un crédit.

La participation de chacun des réseaux qui concourent à un service régulier commun est réglée en vue de compenser le plus possible les comptes en kilomètres-essieux qu'ils ont à régler entre eux.

Les véhicules qui circulent en dehors des mouvements réguliers ont des délais de parcours fixés par les conventions entre les réseaux ; lorsque ces délais sont dépassés, des pénalités en kilomètres-essieux fictifs viennent s'ajouter aux redevances correspondantes aux kilomètres-essieux réellement parcourus.

Les pénalités de retard sont suspendues dans le cas d'avaries.

Les réseaux qui, à des intervalles déterminés, n'arrivent pas à se libérer en kilomètres-essieux, doivent régler leur solde en espèces dans des conditions déterminées.

B. Répartition du matériel G. V. à l'intérieur du Réseau.

Comme je le disais il y a quelques instants, la plus grande partie du matériel voyageurs évolue dans des conditions prévues : c'est la conséquence toute naturelle de ce que les trains de voyageurs circulent conformément à des horaires publiés.

Les véhicules dont doivent être formés les trains sont définis par des roulements indiquant leur composition minima.

Ainsi que je vous l'ai dit plus haut, c'est notre premier bureau qui étudie ces roulements au point de vue préparation, observations et modifications.

Les roulements de voitures portent chacun un numéro différent et sont groupés en 14 livrets désignés chacun par une lettre de A à N. Les groupements sont faits par natures de train et par secteurs du Réseau ou répartitions régionales.

En voici le détail :

Les roulements des rames de voitures de l'ancien Réseau Ouest sont divisés en deux secteurs (secteur nord et secteur ouest) séparés par la ligne de Paris à Granville.

Il est établi 8 livrets se répartissant comme suit :

A. — Observations générales et liste numérique des trains avec indication des roulements auxquels ils figurent.

B. — Roulements rapides et express du secteur Nord (du n° 1 au n° 49).

C. — Roulements express de la ligne de Paris à Granville et roulements express communs aux secteurs Nord et Ouest (du n° 50 au n° 69).

D. — Roulements rapides et express du secteur Ouest (n° 70 au n° 99).

E. — Roulements de la grande banlieue de Paris (du n° 100 au n° 150).

F. — Roulements omnibus du secteur Nord (du n° 200 au n° 299).

G. — Roulements omnibus de la ligne de Paris à Granville et roulements omnibus communs aux secteurs Nord et Ouest (du n° 300 au n° 399).

H. — Roulements omnibus du secteur Ouest (du n° 400 au n° 499).

Les roulements des rames de voitures de l'ancien Réseau Etat sont divisés en 6 livrets, savoir :

I. — Observations Générales et Liste numérique des trains avec indication des roulements auxquels ils figurent.

J. — Trains rapides et express (communs aux Répartitions régionales du Sud-Ouest, du n° 500 au n° 539).

K. — Roulements omnibus communs aux Répartitions régionales du Sud-Ouest, non compris au Livret J (du n° 540 au n° 599).

L. — Spécial à la Répartition régionale de Tours (du n° 600 au n° 699).

M. — Spécial à la Répartition régionale de Nantes (du n° 700 au n° 799).

N. — Spécial à la Répartition régionale de Saintes (du n° 800 au n° 899).

Les roulements comportent les compositions minima des trains avec l'indication des forcements particuliers à certaines rames et à certains jours. Ils mentionnent la gare responsable. (1) Ces compositions sont établies d'après l'expérience du passé et maintenues conformes aux besoins du présent grâce aux constatations faites par l'Inspection (Services centraux et Arrondissements) ou découlant des comptages effectués conformément à la Note de Service 163 de la Répartition Centrale. Ces comptages sont, soit journaliers, « trains rapides et express (sauf ceux accompagnés régulièrement par un surveillant de voitures), trains omnibus de création ou de modification nouvelle », soit périodiques (trains indiqués par la Répartition Centrale et non compris dans les comptages journaliers).

Ceci dit relativement aux mouvements réguliers de voitures et de fourgons à voyageurs, la répartition du matériel G. V., qui est faite chaque jour ne devient nécessaire que pour les voitures évoluant en dehors des compositions minima, soit pour réalisation de suppression de forcements, soit pour remplacement de voitures retirées par suite d'avaries ou par suite de toute autre circonstance.

La répartition du matériel G. V. s'effectue en premier lieu dans les répartitions régionales, puis à la Répartition Centrale.

La base du travail des répartitions est la situation M^1.

Cet imprimé se compose de trois tableaux :

(1) Responsabilité qui ne dispense pas les autres gares extrêmes des parcours de régulariser, quand possible, les roulements incorrects.

Le premier comporte l'inscription des nombres de véhicules de chaque série en gare en plus de ceux compris dans les roulements. Les diverses colonnes indiquent successivement les nombres de réformés, les bons à circuler, les allocations pour réserve, les en-trop ou en-moins par rapport à ces réserves, les nécessaires pour des besoins extraordinaires et les restant à recevoir pour les dits besoins. (Des exemples sont donnés au tableau, pour bien faire comprendre la façon de remplir les colonnes de l'état M^1.)

Le deuxième tableau comprend le relevé détaillé par numéro du matériel :

1° Figurant au premier tableau ;

2° Entrant dans la composition des trains en gare à l'heure de l'établissement de la situation, y compris les forcements. Ces derniers inscrits dans une colonne à part.

Le troisième tableau indique le matériel expédié pendant les 24 heures ayant précédé l'établissement de la situation et celui servi ou réexpédié suivant les ordres de la répartition. Aux « faits divers », les gares ajoutent tous les renseignements qui leur paraissent de nature à en renseigner la répartition.

La situation M^1 doit être établie à 15 heures, par toutes les gares qui doivent posséder normalement ou qui possèdent accidentellement du matériel G. V. à cette heure. Lorsque l'heure tardive du premier train s'arrêtant à une gare après 15 heures l'oblige à remettre sa situation à un train passant avant 15 heures, elle doit l'établir comme elle l'aurait fait à 15 heures, quitte à envoyer à la répartition une fiche complémentaire lui détaillant les mouvements imprévus qui se sont produits entre le départ de la situation et 15 heures.

L'état M^1 est adressé à la répartition régionale, laquelle fait le dépouillement sur un livre Mod. 9 de tous les états qui lui parviennent. Ce livre comporte l'inscription des restant en gare, des offres, des demandes, des envois prescrits et effectués et des ordres donnés. C'est lui qui sert à opérer la balance, dont le résultat est envoyé à la Répartition Centrale sur une situation récapitulative.

Je rappelle que la répartition G. V. de l'Arrondissement de Paris-Saint-Lazare est faite par notre premier bureau.

Il va de soi que les situations M^1 doivent être établies avec la plus grande exactitude. Dans les gares, le travail de la répartition doit être fait, soit par le Chef de gare, soit par un agent opérant sous son contrôle immédiat.

Dans la combinaison des ordres, les organismes régionaux ou central de répartition doivent tenir compte du matériel en route. Ils le connaissent par l'examen du tableau 111 des situations ainsi que par les dépêches ou notes complémentaires, dont ils doivent prescrire l'emploi dans toute la mesure nécessaire et aux heures voulues pour être renseignés efficacement.

— Une autre partie très importante du service des répartitions régionales et centrale est la préparation, puis la critique des mesures à prendre ou prises pour assurer les importants mouvements de voyageurs à l'occasion des fêtes régulières ou des réunions (fêtes, foires, etc.) exceptionnelles. Dans ce but, des programmes sont établis et discutés le plus longtemps possible d'avance ; puis, quand arrive l'époque du mouvement, la Répartition Centrale fait concentrer dans les gares centres de formation des rames le matériel prélevé dans toute la mesure nécessaire sur les ressources de répartitions régionales.

Je termine cette question de répartition G. V. par quelques considérations utiles.

1° Le matériel qui porte la marque Sud-Ouest ne doit à aucun prix circuler sur les lignes du Réseau racheté de l'Ouest ;

2° Il est formellement recommandé de veiller à la fermeture des glaces des voitures, soit pendant leur stationnement sur les voies non abritées des gares, soit pendant leur circulation haut-le-pied dans les trains de toute nature. Cette précaution a pour but d'éviter les détériorations des capitonnages et du vernis intérieurs ;

3° Ne jamais coller d'étiquettes sur les parties vernies des voitures ; une telle maladresse les détériore en leur enlevant leur brillant ;

4° Un carré blanc sur la paroi de certaines voitures à boggies indique un état d'entretien particulièrement soigné : voitures à ne mettre que dans certaines rames désignées au départ des gares de Paris (transatlantiques notamment);

5° Sauf cas particuliers faisant l'objet d'autorisations spéciales, les voitures à voyageurs ne doivent pas circuler par trains de marchandises. Dans le cas où, exceptionnellement, on les y introduit avec cette autorisation spéciale, elles ne peuvent être utilisées que pour le freinage d'arrêt au moyen du frein continu.

DEUXIÈME PARTIE

Répartition du Matériel P. V.

Par matériel P. V. il faut entendre ici tout ce qui n'est pas voitures à voyageurs et fourgons (D ou F) et ne fait pas partie des catégories suivantes régies par des règles particulières :

Wagons de nationalité étrangère ;

Wagons spéciaux français portant les lettres de série : F^a, F^1, G, H, J, KKTy, Ry, RRy, Sy, SP, SC, SSy, Rzyw, RRzyw, Q, U et le cartouche **WAGON SPÉCIAL**.

De ces derniers wagons, de nationalité étrangère et spéciaux français, je vous parlerai au cours d'une autre conférence.

Commençons à examiner aujourd'hui la question de la répartition des wagons du parc ordinaire français.

Relations avec les Compagnies françaises.

Pour bien comprendre les opérations actuelles, il me paraît nécessaire de vous exposer l'historique de la question.

Nous examinerons ce qui s'est passé successivement avant la guerre, pendant la guerre, depuis la guerre.

Période d'avant guerre. — Dans un passé tout à fait lointain, chaque réseau se réservait l'utilisation exclusive du matériel lui appartenant. Les wagons chargés par d'autres réseaux étaient transbordés dans les gares de contact.

Cette règle trop absolue et très coûteuse fut remplacée par la simple obligation de renvoyer après déchargement le matériel au réseau propriétaire. Le retour toujours à vide eût été encore trop absolu et illogique ; il était donc admis que les wagons d'un réseau reçus chargés par un autre pouvaient être réutilisés par ce dernier pour des chargements destinés soit au réseau propriétaire, soit au réseau cédant, soit à un réseau situé sur l'itinéraire du rapatriement, soit à un réseau auquel on accédait en traversant le réseau propriétaire.

Il n'y avait, sous ce régime, aucune répartition de matériel entre les divers réseaux. Chacun établissait ses comptes financiers au moyen des états que lui fournissaient ses gares de transit et intérieures. Les délais accordés pour le séjour sur chaque réseau correspondaient au parcours kilométrique à y effectuer et étaient augmentés de journées supplémentaires pour le déchargement et le rechargement. Pendant les délais ainsi accordés, on appliquait des taxes de location (variables suivant les réseaux propriétaires). Passé ces délais, des pénalités s'ajoutaient aux taxes de location.

Période de guerre. — Pendant la guerre régna une complète banalisation du matériel sans répartition sérieuse et sans comptes financiers. On se borna dans les débuts à dégager au mieux le front où affluait le matériel de toute nature. Ultérieurement, les transports commerciaux ayant repris avec une intensité croissante, on adopta le régime d'équilibre relatif suivant : on détermina assez empiriquement le stock des wagons que devait posséder chaque réseau en raison de ses besoins, de la longueur de ses lignes, de sa capacité ; puis, chaque mois, on fit faire sur les réseaux un inventaire général, à la suite duquel on donnait des ordres d'envois de vides destinés à rétablir un certain équilibre. Des états d'échange numériques tenus par les gares de contact entre les divers réseaux permettaient de suivre au jour le jour la situation entre deux inventaires consécutifs et d'intervenir en conséquence.

Période d'après guerre. — Les avantages présentés par la banalisation du matériel expérimentée au cours des hostilités n'avaient pas été sans frapper les esprits. Le régime d'avant guerre, basé sur le droit de propriété, n'était pas, en effet, sans présenter en fait de grands inconvénients.

1° Il aboutissait principalement à des mouvements de vides beaucoup trop considérables. En raisonnant d'une façon simpliste, peut-être, mais imagée, on voit que, simultanément, une gare d'un réseau A, ayant reçu chargé un wagon du réseau B, risquait de restituer à vide ce wagon au dit B, pendant qu'en même temps une gare de ce réseau B, ayant reçu chargé un wagon du réseau A, faisait une opération analogue, d'où deux mouvements de vides en sens inverse, alors qu'il eût été beaucoup plus logique de n'en faire aucun ou (en raisonnant sur des échanges multiples) de ne faire de mouvement de vides que dans un sens : celui de A vers B, par exemple, si les envois de chargés de B vers A étaient plus forts que ceux de A vers B.

2° Autre inconvénient pratique : aucune comptabilité centrale n'était tenue dans le but de connaître à tout moment combien chaque réseau avait de wagons dans son parc ou sur chacun des autres réseaux. Par suite, un réseau exportateur dans l'ensemble risquait fort de voir ses ressources diminuer d'une façon dangereuse pour l'exécution de son service et cela sans pouvoir connaître exactement ceux à qui il pouvait, platoniquement du reste, réclamer le retour de son matériel. En un mot, les réseaux exportateurs avaient tendance à être gênés et les importateurs à être à l'aise. Il pouvait même paraître assez naturel à l'un de ces derniers de regarder à construire du matériel : il pouvait, en effet, être plus économique pour lui de payer des frais de location et des pénalités pendant les périodes de besoin que d'avoir à supporter pendant toute l'année la charge financière d'un capital matériel immobilisé.

3o Enfin, même en admettant l'existence d'un équilibre numérique relatif, certains réseaux gagnaient et d'autres perdaient sur la qualité, car un petit wagon n'est en général pas aussi avantageux qu'un grand.

L'ensemble de telles considérations a fait prévaloir la conception du matériel banalisé et ce régime actuellement en vigueur donne satisfaction, tout au moins au point de vue mouvement.

En conséquence, sous la réserve que les wagons des divers réseaux doivent rentrer périodiquement sur leur réseau pour y être revus à des époques qui ne doivent pas être espacées de plus de deux ans et que, pour arriver à ce but, il est logique de charger de préférence les wagons des autres réseaux pour leurs réseaux ou dans le sens de leur rapatriement, latitude est laissée aux gares d'utiliser les wagons des autres réseaux comme du matériel Etat. La note de Service 213 de la Répartition Centrale définit cette latitude.

Immédiatement, se pose alors la question du rétablissement de l'équilibre sans cesse compromis par un tel régime. L'examen des mesures prises pour le résoudre va nous faire voir en même temps le remède aux deux autres inconvénients que nous avons signalés plus haut (2e et 3e).

Une commission dite « Commission de Surveillance de la Répartition du matériel » et composée de représentants haut gradés du Service de l'Exploitation se réunit chaque semaine et détermine les mouvements de vides à prévoir entre les divers réseaux. Elle est, dans ce but, renseignée au point de vue statistique par l'Office Central du Mouvement des Wagons (1), qui lui fournit les bases chiffrées sur lesquelles elle s'appuie.

Le travail effectué par la Commission de Surveillance n'a aucunement pour but d'attribuer à chacun des réseaux le matériel qui peut lui être nécessaire pour assurer son trafic : il se propose simplement et ne saurait se proposer autre chose que de faire avoir, le plus exactement possible, à chaque réseau, les quantités de wagons de chaque nature (couverts, tombereaux, plats), qui lui

(1) La charge financière de cet office est répartie entre tous les grands Réseaux.

reviennent en droit en prenant pour base le matériel qu'il possède en propre marqué à son nom.

Faisons ici une considération très importante.

Si, dans les calculs, on ne considérait que des nombres de wagons, c'est-à-dire des *unités wagons*, on n'agirait pas équitablement. En effet :

(Raisonnons à partir de maintenant sur une des trois catégories (couverts, tombereaux, plats) du matériel, par exemple sur les tombereaux).

Un réseau qui a perdu un wagon tombereau de 20 tonnes lui appartenant n'est pas complètement remboursé par la possession d'un tombereau de 10 tonnes d'un autre réseau. Il a donc fallu, pour être juste, introduire la notion de *l'unité-véhicule*, qui est le produit de l'unité-wagon par un coefficient appelé valeur d'usage et qui, variable suivant chaque réseau, dépend de la constitution de son parc propre.

Un exemple schématique (1) pour bien vous faire comprendre :

Si nous prenons pour unité (c'est-à-dire pour base de comparaison) le wagon tombereau de 10 tonnes, la mesure (c'est-à-dire le résultat de la comparaison) du tombereau de 20 tonnes sera 2, celle du tombereau de 15 tonnes sera de 1,5, celle du tombereau de 12 tonnes sera de 1,2.

Ces mesures constitueront les valeurs d'usage des wagons considérés.

On a établi ainsi la valeur d'usage moyenne des tombereaux de chaque réseau et du tombereau français.

Dans l'exemple ci-dessus, la valeur d'usage moyenne des 4 wagons sera $\frac{1+2+1{,}5+1{,}2}{4} = 1.425$ et ces 4 unités — wagons équivaudront à : $4 \times 1.425 = 5{,}7$ unités-véhicules.

— Revenons au point où nous en étions avant cette considération des valeurs d'usage.

Comme dans toute comptabilité, il convient d'établir le débit et le crédit de chaque réseau, éléments dont la différence donne son solde.

Qu'est d'abord son crédit?

Le parc du réseau est constitué par des tombereaux qui lui appartiennent en propre. Ce parc est tenu à jour par l'O. V., à qui sont notifiées constamment les constructions nouvelles, les démolitions, les transformations en wagons de brouettages, etc..., tous éléments susceptibles d'accroître ou de diminuer l'importance du parc.

Le parc, diminué des wagons en location, constitue l'apport de chaque réseau : l'évaluation en est faite en unités-véhicules au moyen de la valeur d'usage moyenne du réseau.

(1) Car, dans la réalité, les formules sont beaucoup moins simples.

L'apport, modifié par l'O. V. au moyen de certains correctifs (wagons à l'étranger, wagons sur les Ceintures, wagons dans les gares communes) (1), forme ce qu'on appelle la part, c'est-à-dire le crédit du réseau.

Quel est maintenant le débit de ce réseau?

Ce débit, c'est le nombre total des unités-véhicules en existence sur le réseau. Il est obtenu en totalisant les nombres d'unités-véhicules de chaque réseau (obtenus au moyen de la valeur d'usage moyenne propre à ce réseau) présentés sur le réseau.

La différence entre le débit et le crédit (que nous venons de définir) obtenue en unités-véhicules est transformée en unités-wagons en la divisant par la valeur d'usage du tombereau moyen français. Ce nombre d'unités-wagons constitue le solde du réseau au début de la période point de départ des opérations de la Commission de Surveillance.

Ce point de départ se trouve situé une semaine en arrière de la date des dites opérations. Ce retard est la conséquence du travail considérable incombant à l'O. V. pour la comptabilisation des renseignements sur les mouvements de wagons entre réseaux, que lui fournissent chaque jour toutes les gares de transit de France (états O. V. C. et O. V. D.).

D'autre part, la Commission de Surveillance prépare des opérations devant se faire au cours d'une semaine future.

Les calculs à faire doivent donc tenir compte des mouvements de wagons qui ont lieu dans la semaine précédant la réunion, et de ceux, qui se produiront dans le cours de la semaine à venir.

Pour arriver à ce résultat, la Commission de Surveillance ajoute algébriquement au solde précité la différence entre les réceptions et les expéditions de wagons chargés pendant ces deux semaines, différence résultant de l'examen du trafic et des chiffres plus récents que fournit, au cours de la discussion, le réseau renseigné directement par ses gares de transit. Des correctifs sont également ajoutés pour les wagons avariés échangés d'office (2). Enfin, il est tenu compte algébriquement des mouvements de vides prescrits lors de la précédente réunion et qui doivent avoir été exécutés dans les sept jours qui la suivaient.

Le chiffre final ainsi obtenu donne l'importance des réceptions et des sorties de vides incombant au réseau.

On termine par une compensation ayant pour but d'indiquer à chaque réseau à qui il devra servir ses en-trop et de qui il devra recevoir ses en-moins.

---

(1) Un wagon (exception faite pour les spéciaux français) est attribué au Réseau gérant la gare commune dès qu'il pénètre dans cette dernière. Or, une gare commune travaille aussi pour le compte du Réseau non gérant : d'où la nécessité du correctif.

(2) D'après les conventions interréseaux, chaque réseau répare les wagons des autres réseaux qui se trouvent avariés chez lui, sauf dans une bande de territoire définie de part et d'autre et la ligne des gares communes : le matériel avarié sur cette bande est restitué d'office et c'est cette restitution qui nécessite le rectificatif.

C'est ainsi que la réserve du Midi ayant des couverts à sortir et l'Est ayant des couverts à recevoir, alors que le P.-L.-M. est équilibré, ce dernier réseau pourra néanmoins recevoir des couverts du Midi dans la région de Sète et en sortir à l'Est dans la région de Belfort.

— Tels sont les principes fondamentaux, qui régissent le rétablissement de l'équilibre entre les divers réseaux français.

J'ajouterai que, lorsqu'un réseau à court de matériel pour l'exécution de son trafic désire être aidé, il peut demander et obtenir une cession de part. Cette cession vient augmenter le nombre de vides qu'il a à recevoir ou diminuer le nombre de vides qu'il a à sortir.

Lorsqu'un réseau n'a, d'autre part, pas besoin des vides qui doivent lui être passés, il peut demander à celui qui doit les lui fournir de les conserver en garage concerté. Cette opération (qui n'empêche pas le réseau, chez lequel auraient dû rentrer les vides considérés, d'en avoir la charge financière) est faite surtout lorsqu'on a toutes raisons de supposer que le mouvement de vides de la semaine suivante se fera en sens inverse. On évite ainsi de doubles frais de traction inutiles.

Le règlement financier se fait entre les réseaux sur les mêmes bases que la répartition que nous venons de décrire : chaque nature de wagon est tarifiée à un prix unitaire et chaque réseau verse à la masse ou reçoit d'elle des sommes correspondant à ses existences.

B. Répartition du matériel P. V. à l'intérieur du Réseau.

Nous verrons dans une prochaine conférence dans quelles conditions on a pu appliquer les considérations qui précèdent à la répartition du matériel P. V. entre les diverses répartitions régionales de notre réseau et comment celles-ci doivent opérer vis-à-vis des répartitions locales et ces dernières vis-à-vis de leurs gares.

www.ingramcontent.com/pod-product-compliance
Lightning Source LLC
LaVergne TN
LVHW052039160826
845678LV00003B/1429

* 9 7 8 2 3 2 9 6 1 8 9 0 6 *